Lo que hago a diario

Una y otra vez

Sommer Conway

COMPUTACIÓN CIENTÍFICA EN EL MUNDO REAL™

Rosen Classroom™

Ya es de día.

¡Hora de levantarse!

Por la mañana desayuno.
Siempre como fruta.

Voy a la escuela. Siempre estoy en el mismo salón.

Todas las tardes voy a la clase de baile.

Por las noches ceno con mi familia.

Siempre me acuesto a las 8:00 de la noche. ¡Mañana lo haré todo de nuevo!

Palabras que hay que saber

(el) baile

(la) cena

(la) fruta